VATOUT (Jean).

———

Dans un de ses nombreux écrits, l'honorable député dont nous allons essayer de dire la vie nous a lui-même en quelque sorte tracé la marche que nous avions à suivre.

« Tel est, dit-il, le sort des hommes qui
» figurent sur le théâtre des révolutions, qu'ils
» voient s'attacher à leur nom cette foule d'écri-
» vains de circonstance dont l'intérêt ou l'esprit
» de parti guide la plume : d'un côté ce sont des
» éloges exagérés ; de l'autre, d'audacieux outra-
» ges. Nous n'ignorons pas non plus qu'il est des

» hommes qui, intéressés à désavouer la part
» qu'ils ont prise eux-mêmes aux événements,
» voilent d'un autre nom leurs propres fautes et
» autorisent par là d'injustes préventions. Vient
» enfin cette masse aveugle ou insouciante qui,
» trop heureuse de recevoir ses impressions toutes
» faites, ne se donne même pas la peine de
» rechercher si elles sont conformes à la vérité.
» C'est au milieu de ce concours de témoignages
» et de jugements divers que l'histoire doit pren-
» dre place. L'impartialité lui commande donc de
» ne s'attacher qu'*aux faits, et de leur remettre
» le droit d'accuser eux-mêmes ou de justifier les
» personnes.* »

Nous espérons ne pas nous écarter un seul instant dans cette Notice de ces sages principes, que tout biographe, selon nous, devrait prendre pour devise.

Jean VATOUT est né à Villefranche-sur-Saône, jolie petite ville de France, à 5 lieues de Lyon, le 26 mai 1792. Amené à Paris vers l'âge de huit ans, il fut placé au collége de Sainte-Barbe, où il fit ses études avec beaucoup de succès. De bonne heure il se distingua par ses goûts sérieux et cette précocité de raison que donne l'instinct d'un avenir trop éprouvé. Ce qui le charmait surtout dans ses exercices universitaires, c'était l'étude des grands historiens de l'antiquité : aussi eut-il l'honneur de voir son nom plusieurs fois proclamé sous les voûtes de Sainte-Barbe, au Lycée Napoléon et au concours général.

Le jeune lauréat quittait à peine les bancs du collége, que, frappé de ses heureuses dispositions, M. Boissy d'Anglas, préfet de la Charente, se l'attacha comme secrétaire particulier. Il partit pour Angoulême, où il resta jusqu'en 1814, époque de la destitution de ce préfet.

Les Cent-Jours arrivent, et c'est de ce moment que date la carrière politique de M. Vatout. En effet, il accompagna M. Boissy d'Anglas père, qu'à son retour de l'île d'Elbe, Napoléon avait nommé commissaire extraordinaire dans les trois départements de la Gironde, des Landes et des Basses-Pyrénées, où il réorganisa l'administration au nom du nouveau gouvernement.

Cette mission terminée, et en récompense de la part active qu'il y avait prise, M. Vatout fut nommé à la sous-préfecture de Blaye, et appelé presque aussitôt après à celle de Libourne, une des plus importantes de la Gironde. Mais surviennent les désastreuses journées de Waterloo. A leur nouvelle, l'exaspération des partis ne connaît plus de bornes : soldats et habitants sont sur le point d'en venir aux mains, quand le sous-préfet, par sa sage modération et sa courageuse fermeté, fut assez heureux pour ramener les esprits et arrêter une collision qui pouvait avoir pour le pays, vaste foyer de royalisme, les suites les plus fâcheuses. La tranquilité rétablie, M. Vatout se hâta de se démettre d'un poste que sa délicatesse seule ne lui permettait plus de conserver. En vain, la ville, par l'organe de son maire et de ses notables, le pressa-t-elle de reprendre ses fonctions : M. Vatout n'écouta que son devoir, et partit de Libourne accompagné d'une garde d'honneur, qui témoignait hautement de la reconnaissance de cette ville pour la belle conduite qu'il avait tenue dans un moment aussi critique.

En 1816, la seconde Restauration s'étant accomplie dans la capitale, M. Decazes, qui venait de monter de la préfecture au ministère de la police, proposa à M. Vatout, qu'il avait connu à Libourne, une place dans son cabinet.

En 1818, M. Vatout était encore auprès de ce ministre. Mais à cette époque le gouvernement, qui paraissait vouloir rentrer dans les voies constitutionnelles, cherchait à imposer à la confiance publique par quelques remaniements partiels et par certains choix faits en dehors de ses préférences. C'est à cette réaction, et sans doute aussi sur la demande de M. Stanislas de Girardin, qui venait d'être nommé préfet de la Côte-d'Or, que M. Vatout dut d'être appelé à la sous-préfecture de Semur. Uni par les liens de la plus étroite amitié avec Stanislas de Girardin, M. Vatout s'applaudit de se trouver placé sous les ordres d'un homme aussi recommandable par ses lumières que par son patriotisme. Mais il ne jouit pas long-temps de cette position; et il n'en pouvait être autrement sous un pouvoir qui, par on ne sait quel esprit de vertige, se faisait un jeu presque partout et en toute occasion de heurter l'opinion publique, de froisser les intérêts du jour et d'amasser dans tous les cœurs la défiance et le ressentiment. D'ailleurs l'indépendance bien connue des principes et des vues de M. Vatout ne permettait pas d'espérer en lui un grand appui pour les lois qu'on préparait alors contre toutes les libertés qui avaient été si solennellement garanties par la Charte. Aussi le 1er ou le 2 mai 1820, lors du voyage du duc d'Angoulême dans la Côte-d'Or, quand M. Vatout, selon l'usage, se présenta au prince pour lui faire la harangue obligatoire, celui-ci lui ferma-t-il la bouche en lui disant : *Je ne veux pas vous entendre, vous êtes destitué.* Cette destitution, prononcée sur la grande route, prouve quelle était l'omnipotence princière sous la Restauration. Mais en même temps que M. Vatout, M. de Girardin, qui s'était montré peu favorable au ministère à l'occasion des lois d'exception proposées à la suite de l'assassinat du duc de Berry, se voyait honoré d'une nouvelle destitution. Ainsi, moins de deux ans avaient suffi pour faire révoquer de leurs fonctions M. Vatout et Stanislas de Girardin, son bienveillant protecteur. Ce qui prouve assez que le sous-préfet de Semur avait su se concilier l'estime et l'affection de ses administrés, c'est que le soir même de sa disgrâce toute la population se rendit à la sous-préfecture pour lui exprimer ses regrets.

Vivement touché de marques aussi honorables d'intérêt et de sympathie, M. Vatout, à son arrivée à Paris, s'empressa, dans une *Lettre* qu'il publia alors, de payer un juste tribut d'éloges à ses anciens administrés, et de leur exprimer sa profonde reconnaissance, en les assurant que la mesure qui le séparait d'eux ne lui faisait éprouver qu'un seul regret, celui de n'avoir pu réparer qu'une très petite partie des injustices dont ils avaient été les victimes en 1815 et en 1816. Comme son ami Stanislas de Girardin, M. Vatout pouvait se rendre la justice que si pendant toute la durée de son administration il n'avait eu à se plaindre d'aucun de ses administrés, en revanche aucun d'eux n'avait eu non plus à se plaindre de lui; que, plus que partout ailleurs peut-être, les impôts étaient payés avec exactitude, les lois exécutées avec empressement, même celles qui pouvaient paraître rigoureuses dans un pays si renommé pour l'excellence de ses vins; qu'enfin, dans ce département, si injustement calomnié, aucun écrit répréhensible n'avait été publié, aucun cri séditieux n'avait été proféré, aucun désordre n'avait été commis.

Désormais il était bien prouvé à M. Vatout qu'il ne pouvait plus servir un gouvernement ennemi de toute pensée libre et généreuse.

Rendu à la vie civile, il chercha dans la culture des lettres, non un frivole délassement, mais le moyen de servir encore utilement la cause du pays à laquelle il avait voué son existence. M. Vatout voulait le maintien de nos institutions *telles qu'elles étaient*, et c'est parce qu'il était trop sincèrement attaché à la Charte qu'il fut toujours en défaveur sous la Restauration. Les lignes suivantes, extraites d'un ouvrage que nous allons avoir bientôt l'occasion d'examiner, prouvent quels étaient ses sentiments à cet égard : « Des trois
» plus grands États de l'Europe, la France, dit-il,
» fut le premier qui reçut le bienfait inattendu
» d'une constitution libre. C'était une grande
» pensée de lier ainsi le passé avec le présent par
» un pacte dépositaire auguste et pur des intérêts
» de la révolution ; c'était d'une haute politique
» de créer pour l'âme active des Français une
» nouvelle idole, en substituant la liberté à la
» gloire : il était donc dans la destinée de la Charte
» de *faire le bonheur de la France*. L'incapacité
» de 1814, le délire de 1815, l'irrésolution de
» 1819, la mauvaise foi de 1820, n'ont pas permis
» jusqu'à ce jour que l'arbre de régénération

» portât son fruit ; mais c'est en vain que des mains
» égarées ont plongé la hache dans ses flancs ;
» elles peuvent l'ébranler, non le détruire ; ses
» racines sont trop fortes, trop étendues, trop
» profondément attachées au sol français. Un jour
» viendra, qui ne peut être éloigné, où le gouver-
» nement comprendra le danger d'attenter aux
» saintes garanties que le monarque mieux éclairé
» a données à ses peuples ; alors, mais seulement
» alors, les fatales préventions du privilége tom-
» beront devant la toute-puissance du droit ; le
» trône s'affermira sur les bases de l'égalité con-
» stitutionnelle, et les beaux jours de la liberté
» succéderont enfin aux orages des factions(1). »

A la suite des révolutions militaires qui eurent lieu successivement en Espagne, en Portugal et à Naples, les cabinets avaient senti la nécessité d'un congrès, dans l'intérêt de l'ordre social ébranlé par les événements des deux péninsules. Le lieu de la réunion diplomatique était fixé à Troppau. M. Vatout, qui, à l'attitude que prenaient les diverses cours de l'Europe, pressentait l'*intervention armée*, ne put voir avec indifférence cet essai des gouvernements absolus contre les gouvernements libres. C'est dans ces circonstances qu'il fit paraître une brochure ayant pour titre : *Les Gouvernements représentatifs au Congrès de Troppau.*

---

(1) *Des gouvernements représentatifs au congrès de Troppau.*

(Paris, Delaunay, novembre 1820, in-8°, de 57 pages.) Nous avons dit que M. Vatout n'était point pour l'*intervention armée*. Qu'il nous soit permis de faire connaître quelques uns des motifs sur lesquels il s'appuyait; par là on pourra juger tout à la fois du style et du mérite de cet écrit, qui avait bien son à-propos et son importance lors de sa publication : « Ce n'est point leur propre » intérêt, ce n'est point la puissance du trône, » dit M. Vatout, que les rois défendraient en pre- » nant les armes contre Naples ou l'Espagne ; ce » sont de vains préjugés, abolis par le temps, » une inégalité de droits que repousse la raison » humaine aussi bien qu'une saine politique, tous » les abus que traîne à sa suite le régime féodal ; » en un mot, ce serait la guerre du privilége contre » le droit, des courtisans contre les peuples, et » les princes verseraient du sang pour démontrer » qu'au lieu d'être les souverains et les pères de » tous, ils ne doivent être que les monarques de » quelques uns. Voilà la morale des diplomates » grands seigneurs qui conseillent aujourd'hui la » guerre ; ce sont eux qui se voient détrônés par » le gouvernement représentatif. Si une paillette » se détache de leur manteau de cour, ils crient » aussitôt que les couronnes tombent et se flétris- » sent ; et c'est moins la majesté du trône de leurs » maîtres que leur propre faveur qui serait l'objet » du combat et le prix de la victoire. Ah! s'il

» existe, comme ils le prétendent, une faction
» qui pousse à la république universelle, il est
» bien plus vrai, bien plus évident que sous une
» autre couleur, il en existe une qui se déclare
» ennemie de toute liberté, s'indigne de toute
» amélioration; repousse comme funeste le tribut
» des lumières nouvelles; ne pardonne pas les
» lauriers cueillis au nom de l'indépendance; voit
» avec regret les diverses religions faire monter
» vers Dieu un libre encens; se sent humiliée de
» l'égalité devant la loi; méprise les notabilités
» récentes; voit dans l'État le patrimoine du
» prince, dans les citoyens des esclaves, dans les
» soldats des mercenaires, et redemande pour
» elle les titres et les honneurs, pour le peuple
» l'obscurité et la servitude..... Ah! puisse, aux
» conférences de Troppau, puisse une voix libre
» et indépendante s'élever et dire aux souverains
» qui s'y trouvent réunis : Vous ne pouvez sanc-
» tionner l'injuste agression de Vienne contre
» Naples, sans donner à penser que vous déclarez
» la guerre à tous les gouvernements représenta-
» tifs. Quelle source féconde de défiance, de dé-
» sordre, de calamités! Si vous formez une ligue
» contre la liberté, ne craignez-vous pas que les
» peuples ne forment à leur tour une sainte al-
» liance contre le despotisme? Les temps sont ar-
» rivés : pourquoi chercher à refouler le présent
» vers le passé? La Providence elle-même, dont

» vous vous proclamez les élus, la Providence n'a
» pas ce pouvoir. Écoutez donc la raison, votre
» intérêt, votre gloire qui vous répète avec moi :
» Régnez, régnez, heureux et puissants; mais ne
» dites plus comme Louis XIV avec ses courtisans :
» *l'État, c'est moi!* Dites comme ses augustes
» petits-fils avec la nation : *l'État, c'est nous!* »
Malgré ces nobles et énergiques accents, le congrès de Troppau, qui fait époque dans les fastes de la diplomatie européenne, établit l'*intervention armée*, et eut Laybach pour continuation.

Pendant que M. Vatout laissait les souverains réunis à Troppau peser, dans leur haute sagesse, les déterminations qu'ils allaient prendre relativement aux troubles du midi de l'Europe, il se préoccupait de l'avenir de la Charte, qu'il voyait si différente de celle qu'avait conçue à l'école du malheur et rapportée de l'exil son immortel auteur. La parole du monarque, son intérêt à conserver un si noble monument de sa gloire, devaient sans doute rassurer tous les vrais amis du pays; mais les circonstances secondaient mal cet espoir, et l'on avait peine à s'accoutumer à une liberté *qui a un bâillon à la bouche et des fers aux pieds* (1). Sans vouloir porter un œil irrespectueux dans les secrets du cabinet des Tuileries, M. Vatout crut

---

(1) Paroles de M. Vatout. On se rappelle que c'est à cette époque que furent proposées et sanctionnées les fameuses lois d'exception sur la liberté individuelle et sur la liberté de la presse.

devoir, dans l'intérêt de son pays, qui n'était pas moins sacré pour lui, publier un petit écrit, dans lequel, sous le voile de l'allégorie, il traçait l'histoire de la Charte et de ses vicissitudes, et cherchait à éclairer le prince sur le précipice que ses courtisans avaient creusé sous ses pas. Cet ouvrage porte pour titre : *Les Aventures de la fille d'un roi, racontées par elle-même.* (Paris, Delaunay, 1820-21, in-8 de 110 pages, divisé en trois chapitres.) Cette allégorie charmante, qui, sous le voile léger d'une spirituelle plaisanterie, cachait de hautes vérités politiques, eut un succès prodigieux. Le premier chapitre fut réimprimé cinq fois au commencement de 1821. Nous n'en citerons que ce seul passage : « Aujour-
» d'hui la pompe et l'éclat des fêtes nous environ-
» nent ; demain peut-être cette allégresse se chan-
» gera en deuil ; car le bonheur n'a de lendemain
» que là où tout paraît stable. J'ai bien observé
» ton empire ; j'ai visité les palais comme les plus
» humbles chaumières ; hélas ! j'ai vu l'inquiétude
» sur les visages ; j'ai vu des regrets se mêler aux
» témoignages d'amour pour ton auguste personne.
» On t'aime, on bénit ton nom ; j'ai entendu plus
» d'un malheureux s'écrier : « S'il le savait ! » et
» oublier un moment ses peines. Ce cri est celui
» de tous les habitants de ton île ; mais il est inter-
» cepté par l'intrigue, et il vient expirer au pied
» du trône : il faut l'entendre, il faut l'accueillir.

» Ceux à qui tu as confié les rênes de ton gouverne-
» ment peuvent avoir des intentions pures ; mais,
» hommes d'autrefois, ils ne connaissent ni ne peu-
» vent diriger utilement les choses d'aujourd'hui.
» Leurs tentatives pour rentrer dans des droits
» que la raison humaine n'avoue pas, ont excité
» dans ton empire les plus vives alarmes : déjà
» elles ont servi de prétexte à la guerre étrangère;
» elles finiraient par engendrer la guerre civile.
» Il est temps encore de prévenir ce terrible fléau.
» Apporte dans toutes les branches de l'adminis-
» tration des réformes salutaires, indispensables;
» ne remets le pouvoir qu'à des hommes étrangers
» à tous ces intérêts qui ne sont pas ceux de ta cou-
» ronne ; raffermis les lois, sans lesquelles il n'y
» a pas de liberté; laisse régner *la liberté, sans*
» *laquelle les lois ne sont que le masque de l'ar-*
» *bitraire ;* fais respecter la religion, première
» base de la morale publique ; ...... et tu verras
» que ce peuple dont tes satrapes cherchent peut-
» être à te faire peur, est le meilleur comme le
» plus aimable de tous les peuples. Les conseils
» que je te donne ne sont pas le fruit de vagues in-
» spirations ; ce sont les leçons du malheur et de
» l'expérience. » Nous regrettons que les limites
dans lesquelles nous sommes obligé de nous ren-
fermer ne nous permettent pas de citer plusieurs
autres passages de cet écrit, véritable début littéraire de M. Vatout, et qui présente tout à la

fois le tableau le plus animé, le plus intéressant et le plus vrai de la société politique à cette époque, et une critique mordante et acérée de tous ces diplomates de garde-robe, qui avaient plus de passé que d'avenir dans l'esprit; qui croyaient que la force d'un État consiste dans le nombre des évêques, et que les bases du droit public sont d'entendre la messe tous les jours, de commander un bon dîner, et d'offrir la chemise au roi, selon l'étiquette de la cour de François Ier.

En 1822, le patriotisme trouva encore M. Vatout sur la brèche. Il venait de paraître une *Histoire de la Révolution française*, dans laquelle on déversait l'injure et le mépris sur l'Assemblée constituante. M. Vatout fut indigné de voir ainsi insulter une assemblée qui, au milieu de tant d'obstacles, avait fait de si grandes choses; une assemblée qui, dans une seule nuit, avait renversé la féodalité, l'arbitraire et le fanatisme. C'est alors qu'il publia : *De l'Assemblée constituante*. (Paris, Corréard, 1822, in-8° de 96 pages.) Cette défense énergique et complète du berceau de nos libertés contre les calomnies de l'absolutisme eut trois éditions dans la même année. Publiée sous le voile de l'anonyme, elle a été souvent attribuée, mais à tort, à M. Alexandre de Lameth.

A la fin de cette même année, M. Vatout devint bibliothécaire du duc d'Orléans. Il en fut redevable à l'intervention de Stanislas de Girardin et du général Foy.

Mais la position du duc d'Orléans vis-à-vis de la cour ne permettait plus à M. Vatout de continuer ses travaux de publiciste dans lesquels il avait débuté d'une manière si éclatante. Partageant le goût du prince pour les beaux-arts, il recueillit en quatre volumes les *Notices de tous les tableaux et portraits composant la Galerie de S. A. R. Monseigneur le Duc d'Orléans* (Paris, Gautier-Laguionie, 1823-26, in-8°).

Cet ouvrage, que le roi a enrichi de quelques notes puisées dans son excellente mémoire, a sur tous les catalogues de ce genre l'avantage de se faire lire avec intérêt, tant par la variété et le bon goût des morceaux qu'il renferme que par une foule d'anecdotes piquantes sur un grand nombre de rois, princes et personnages célèbres depuis saint Louis jusqu'à la Révolution française. Nous y avons remarqué surtout quelques jolies pièces de vers de M. Vatout qui prouvent que, s'il avait voulu sacrifier plus souvent aux Muses (1), il eût pu se placer à côté des poètes les plus distingués de notre époque. Quel charme n'éprouve-t-on pas, par exemple, en lisant cette peinture si touchante et si vraie d'une noble infortune :

(1) M. Vatout a composé de spirituels couplets et de charmantes poésies légères qui attestent que les graves occupations de la vie politique ne refroidissent pas la verve d'un homme d'esprit.

« La gloire trop souvent n'est qu'un titre au malheur;
» Et Philippe exilé pour prix de sa valeur,
» Salue en gémissant la liberté flétrie,
» Et s'éloigne à regret d'une ingrate patrie.
» Suivi d'un seul ami fidèle à ses dangers,
» Il dirige ses pas vers les bords étrangers.
» Cachant son nom royal, errant de ville en ville,
» Au sénat helvétique il demande un asile;
» Mais la proscription a glacé tous les cœurs,
» Et partout de Jemmape on poursuit les vainqueurs.
» Partout aussi Philippe a porté son courage.
» Malheureux, il sourit au destin qui l'outrage.
» La jeunesse est toujours si riche d'avenir!
» Dans l'exil cependant que va-t-il devenir?

» Glaciers éblouissants, merveilleuses montagnes,
» Vallons aimés du ciel, beaux lacs, fraîches campagnes,
» Puisse le doux aspect de vos sites chéris
» Distraire ses regards fixés sur son pays!
» Ce magique appareil de neige et de verdure
» Apporte quelque charme aux regrets qu'il endure.
» Tantôt il va s'asseoir sur ce roc immortel
» Où, son arc à la main, le fier Guillaume Tell
» S'élança triomphant des flots et de l'orage,
» Et dévoua Gessler aux horreurs du naufrage.
» Tantôt aux bords du lac dont les flots amoureux
» Baignent les noirs rochers où soupirait Saint-Preux,
» Ses vœux impatients demandent Meillerie,
» Où tous les cœurs aimants trouvent une patrie,
» Et Clarens, et Vevay, lieux obscurs que Rousseau
» A dotés des trésors de son brillant pinceau.

» Hâte-toi d'admirer ce tableau romantique,
» Philippe! La misère, hélas! moins poétique,
» Outrage ta chaussure, et fane tes habits.
» Crains encor sous ses traits l'accueil que tu subis,

» Lorsqu'au mont Saint-Gothard, des pères de l'hospice
» Tu vins solliciter la pieuse avarice,
» Et que la charité du révérend portier
» T'exila sous le toit d'un pauvre muletier (1)·

Presque en même temps que les *Notices* dont nous venons de parler, parurent les *Mémoires de S. A. R. Louis-Antoine, Philippe d'Orléans, duc de Montpensier, prince du sang* (Paris, 1824. Baudouin frères, in-8 de 222 pages). M. Vatout passa pour en être l'éditeur. M. Vatout, dit la *Biographie des hommes du jour*, avait revu le texte, rédigé la notice qui précède, et corrigé les épreuves; mais on supposa que le duc de Montpensier n'avait pas laissé de *Mémoires*, et que M. Vatout les avait rédigés sur des notes particulières, si même le duc d'Orléans ne les avait pas écrites de sa main. Nous nous croyons en mesure

---

(1) En effet, le duc d'Orléans (alors duc de Chartres et aujourd'hui Louis-Philippe) proscrit en France par ceux qui dressaient les échafauds, voyageait dans l'intérieur de la Suisse et des Alpes, suivi d'un seul domestique, à pied et presque sans argent. C'est dans une de ces courses aventureuses qu'il se présenta devant l'hospice du Saint-Gothard, le 29 août 1793. Il sonna; un capucin se montra à un vasistas, et lui cria en italien : *Che volete?* — Je voudrais, répondit le duc d'Orléans, quelque nourriture pour mon compagnon et pour moi. — On ne reçoit point ici les piétons et les gens de votre espèce. — Mais, révérend père, nous paierons tout ce que vous voudrez. — Non, non, cette auberge-là est bonne pour vous, répliqua le capucin en montrant du doigt un mauvais hangar où des muletiers se partageaient un fromage des Alpes; et il referma la fenêtre.

de répondre que le manuscrit était entièrement écrit de la main du duc de Montpensier.

Au mois d'octobre 1824, Charles X venait de monter sur le trône; M. Vatout publia *la Nièce d'un roi*, in-8 de 30 pages. C'était en quelque sorte le 4ᵉ chapitre des *Aventures de la fille d'un roi*, et comme un élan vers l'heureux avenir que faisaient présager ces augustes paroles du nouveau monarque : « J'ai promis, comme sujet, de » maintenir la *Charte* et les institutions que nous » devons au souverain dont le ciel vient de nous » priver. Aujourd'hui, que le droit de ma nais- » sance a fait tomber le pouvoir entre mes mains, » je l'emploierai tout entier à consolider, pour » le bonheur de mon peuple, le grand acte que » j'ai promis de maintenir. » Cette allégorie porte l'empreinte du mérite de l'auteur; on y retrouve la même vivacité d'esprit, la même élégance ; elle eut une seconde édition dans le même mois.

En 1826, M. Vatout fit paraître : *Galerie lithographiée de S. A. R. monseigneur le duc d'Orléans* (2 vol. in-fol.), importante collection que distinguent également la beauté des lithographies, le mérite du texte et le luxe typographique.

Au mois de mars 1827, il publia le discours qu'il avait prononcé sur la tombe de Stanislas de Girardin, hommage touchant d'amitié et de reconnaissance pour ce digne élève de Rousseau, qui toute sa vie s'était montré *noble sans préju-*

gés, *philosophe sans ostentation, citoyen sans reproche, député toujours pur.*

Au mois de février 1830, M. Vatout, qui venait de publier l'*Histoire du Palais-Royal*, 1 vol. in-8, récit attachant et fidèle de tous les titres historiques de l'un des plus beaux monuments de Paris, s'essaya dans un genre moins grave. Plusieurs éditions de *l'Idée fixe*, par l'auteur des *Aventures de la fille d'un roi* (Paris, Dupont, 1830, 2 vol. in-8), prouvèrent qu'il avait fait dans le domaine du roman une heureuse excursion. En effet, cet ouvrage est écrit avec une grande facilité; tous les caractères en sont bien tracés, et le drame est plein d'intérêt.

La révolution de juillet 1830 replaça M. Vatout sur la scène politique. Les deux départements où il avait rempli des fonctions administratives sous la Restauration se rappelèrent ses services et lui donnèrent la plus haute marque de confiance que puisse recevoir un citoyen. Elu à la Chambre par les arrondissements de Ruffec et de Semur, il opta pour celui-ci, et fit reporter sur M. Ernest de Girardin, son ami, les suffrages qu'il avait obtenus dans le premier.

Les travaux parlementaires de M. Vatout ont été trop nombreux pour que nous soyons tenté d'en présenter une analyse complète. Nous remplirions vingt pages de cette brochure rien qu'à citer même d'une manière sommaire ses principaux actes législatifs, et cette longue et sèche nomenclature, où la vie politique de l'honorable député de Semur n'apparaîtrait pour ainsi dire que par reflets, n'en pourrait guère donner qu'une idée singulièrement imparfaite. Qu'il nous suffise de rappeler que c'est lui qui a demandé que la subvention du Théâtre-Français fût élevé à 200,000 francs ; que par suite d'un amendement qu'il avait proposé, il fit porter à 300,000 francs la somme de 234,000 francs accordée pour encouragements aux arts et aux lettres ; que la Société libre des Beaux-Arts, par l'organe de plusieurs de ses membres, lui a offert ses remerciements ; que déjà il avait reçu une députation des condamnés politiques, dont il avait adouci l'infortune en obtenant pour eux une allocation de 80,000 francs ; que c'est lui qui le premier a fait la proposition de la loi sur les chemins vicinaux, qu'il en a poursuivi le succès pendant trois années consécutives, et que la loi en a presque pris son nom ; que c'est à lui qu'est dû le magnifique rapport sur l'organisation du Conseil d'État, rapport qui a exigé des recherches historiques nombreuses et un travail approfondi sur la matière ; qu'à chaque session il est revenu à la charge pour demander de fortes réductions sur les différents budgets ; que les intérêts des contribuables aussi bien que ceux du pays en général ont constamment trouvé en lui un ardent défenseur. Lorsqu'en 1837, M. Vatout fut nommé directeur des bâtiments civils et des monuments historiques, il donna dans toute la France un élan à la sollicitude que méritent ces anciens monuments, et par là il réveilla le culte des souvenirs. C'est à ces soins et à l'heureuse direction de ses efforts que l'on doit la belle restauration de l'église royale de Saint-Denis, et bientôt la Sainte-Chapelle reprendra exactement la brillante parure dont l'avait décorée saint Louis. Le théâtre d'Arles et l'arc de triomphe d'Orange n'ont pas été oubliés par cet administrateur, lorsqu'il avait dans les mains la distribution des fonds votés pour la conservation des monuments consacrés par l'histoire des arts et les fastes du pays. En un mot, dans tous les actes de la carrière politique et privée de M. Vatout, il n'en est pas un seul dont on puisse se servir pour l'accuser de ne s'être pas toujours conduit en honnête homme et en bon citoyen. N'est-ce pas là pour un député la manière la plus digne et la plus vraie de représenter ses commettants, et de justifier l'estime de ces concitoyens?

Malgré ses nombreuses occupations législatives, M. Vatout n'en poursuivait pas moins le cours de ses travaux littéraires. En novembre 1832, il fit paraître l'*Histoire de la conspiration de Cellamare*, 2 vol. in-8°. On sait que la conspiration de Cellamare, ourdie par la duchesse du Maine, et à laquelle l'ambassadeur de Philippe V prit une part active, avait pour but d'enlever le régent et le jeune roi, de faire annuler par les États-Généraux ou le parlement de Paris l'acte de renonciation des Bourbons d'Espagne au trône de France, et de réunir cette couronne à celle d'Espagne. Tous les historiens, soit qu'ils fussent privés des sources où ils pouvaient puiser la vérité, soit qu'ils aient été effrayés du nombre de pièces manuscrites en diverses langues qu'il fallait consulter, avaient glissé sur cet événement sans l'approfondir. Avec cette patience qui caractérisait les bénédictins, et usant largement des avantages de sa position particulière, M. Vatout a reconstitué pour nous un passé resté jusqu'ici dans l'obscurité la plus profonde, et est venu éclairer d'une nouvelle et vive lumière cette fameuse conspiration qui, bien qu'exécutée d'une façon si folle, si gaie, si éminemment française en un mot, n'en pouvait pas moins avoir les conséquences les plus graves ; et aurait infailliblement, si elle eût réussi, changé le sort de la France et de l'Europe peut-être aussi tout entière. Le livre qu'il nous a donné sur cet important sujet est le fruit de deux années de recherches et d'un travail opiniâtre. Et, chose étonnante ! on s'aperçoit à peine en le lisant de tout ce qu'il a coûté, tant M. Vatout a mis d'art et d'adresse dans l'arrangement des matériaux qu'il avait à sa disposition, tant il a caché avec soin le fil qui les unit. A l'histoire qui instruit il a joint le roman qui amuse : aussi cette œuvre remarquable sous plus d'un rapport a-t-elle l'heureux don de satisfaire les lecteurs selon leur instinct d'étude ou de distraction. Avec quelle vérité, quelle finesse, quelle énergie de pinceau l'auteur n'a-t-il pas mis en relief les caractères de Cellamare, du duc du Maine, d'Alberoni, de Philippe V, de Dubois, de Canillac, du duc de Bourbon, etc.! Comme on suit avec intérêt les coquets manéges de cette petite duchesse du Maine, si jolie, si passionnée, si spirituelle, qui rêvait une nouvelle Fronde sous les ombreuses charmilles de Sceaux, au milieu des enivrantes harmonies de l'orchestre et de la folle joie des danseurs ! Et quel délicieux épisode que celui de cette Marianne, créature si pure, si naïve, si angélique, attirée dans un mauvais lieu par les coupables menées d'un vieux duc épris de sa beauté ! Il nous prend fantaisie de vous conter, pendant que nous y sommes, cette ravissante histoire...... Marianne est la fille d'un vieux sergent qui avait suivi le duc d'Orléans dans toutes ses campagnes. « Il est régent, dit le soldat ; il se souviendra de son ancien compagnon d'armes, de celui qui, devant Lérida, a paré avec son épaule une balle qui allait droit à sa poitrine. Mets ta plus belle robe, Marianne, car je veux que tu sois jolie;

donne-moi ton bras, et allons au palais. » Et le vieux troupier tout cassé, tout criblé de blessures, s'appuie sur le bras rondelet et blanc de la jeune fille, qui rougit à la seule pensée qu'elle va voir le régent, et laisse tomber ses beaux yeux noirs sur son joli sein dont un simple fichu de linon cache à peine les voluptueuses ondulations... On arrive au palais. Le prince reconnaît le vieux débris de Lérida, et l'accueille avec une touchante cordialité. Il fait plus, il donne ordre qu'on expédie sur-le-champ le brevet de sa pension, et promet de doter Marianne sur sa cassette. Leur joie fut vive, mais de courte durée. Le brevet n'arrivait pas. C'est que parmi les courtisans qui assistaient à la réception, un grand seigneur, vieilli dans la débauche, n'avait pu voir Marianne sans en tomber amoureux. C'était lui qui retenait le brevet, comptant bien se le faire payer. A cet effet, il dépêche la Filhon, femme douée du génie de l'intrigue et de la corruption, et celle-ci fit si bien qu'au bout de quelques semaines la douce et naïve Marianne était devenue la proie du misérable. En se voyant déshonorée, la pauvre enfant demande comme une grâce à l'entremetteuse qui l'a perdue de la garder chez elle. Son vieux père mourrait de chagrin en apprenant sa honte. Et, chose rare en tout temps, mais qui passait pour un phénomène sous la régence, Marianne reste pure dans ce lieu de prostitution, et on la cite à la cour comme une merveille. Au nombre de ses admirateurs était l'abbé Porto-Carrero, secrétaire de Cellamare. Chargé de faire les honneurs de Paris à un jeune secrétaire d'ambassade récemment arrivé d'Espagne, il trouve plaisant de l'emmener un soir souper chez la Filhon. Marianne voit le jeune Espagnol; et, c'en est fait, son cœur ne lui appartient plus. Les rendez-vous se succèdent. Mais une fois Marianne attendait son amant à souper. La nuit s'avance et il ne vient pas! L'inquiétude, la jalousie, la colère s'emparent tour à tour de son âme; immobile, l'œil fixé sur la porte, elle croit toujours le voir paraître; et les heures s'écoulent, et le feu meurt dans la cheminée, et les flambeaux fument et s'éteignent, et le jour la retrouve, pâle et tremblante d'effroi, sur le sofa où elle s'était assise belle d'amour et d'espérance. Enfin dix heures sonnent, et le jeune diplomate arrive, pâle, défait. Aux questions qu'elle lui fait, il ne répond qu'en balbutiant; la jalousie de Marianne s'en accroît; elle pleure, elle gémit. Enfin, ne pouvant plus résister à ses prières, à ses larmes: « Eh bien! écoute, lui dit le jeune diplomate, il s'agit d'une conspiration contre le régent; le prince de Cellamare, voulant profiter du départ de l'abbé Porto-Carrero pour envoyer sûrement au cardinal Alberoni des papiers de la plus haute importance, nous les a fait copier sous ses yeux. Ce travail n'a fini qu'avec la nuit, et ce matin je l'ai remis moi-même à Porto-Carrero, qui l'emporte dans sa voiture. » Marianne rassurée lui pardonne...... Mais nos amoureux n'étaient pas seuls : un argus veillait à la porte ; c'était la Filhon. L'avis lui parut assez bon pour dépêcher en toute hâte un émissaire à l'abbé Dubois, qu'elle connaissait de longue date, et la conspiration est découverte, les conspirateurs arrêtés, et...... Mais c'est dans l'ouvrage même de M. Vatout qu'il faut lire le dénouement de ce singulier épisode de la régence. Ce livre est le principal titre littéraire de l'auteur. Il produisit une vive sensation à son apparition, et eut deux éditions de suite dans la même année. Avec beaucoup d'esprit et une grande connaissance du sujet, on y trouve une pureté de style et une élégance assez rares aujourd'hui, et qui en font une des productions les plus distinguées de notre époque. Les citations d'auteurs dont il est parsemé, les documents historiques qui l'enrichissent et qui sont presque tous inconnus ou rares, concourent à lui donner un haut intérêt de plus.

En 1833, M. Vatout publia l'*Histoire lithographiée du Palais-Royal*, in-folio. C'est l'histoire de ce magnifique palais par la reproduction au crayon des tableaux qui ornent la grande galerie neuve.

En 1836, vint *le Château d'Eu, notices histori-*

ques, 5 vol. in-8°. C'est une deuxième édition ; la première avait paru en 1825-1826, 4 vol. in-8°.

En 1837 et années suivantes, il commença la publication des *Souvenirs historiques des résidences royales*. C'est de tous les titres littéraires de M. Vatout celui qui lui fait assurément le plus d'honneur. Il est impossible de raconter avec plus de grâce et d'esprit, et ses descriptions ont toute la fraîcheur, tout le coloris de la plus suave peinture. Sous sa plume élégante et facile, l'histoire des splendides habitations de nos rois prend un attrait, un charme, qui tiennent presque du drame et du roman, non pas qu'il s'écarte jamais de la vérité, car M. Vatout est du petit nombre de ces écrivains d'élite qui les premiers ont senti la nécessité de revenir à de consciencieuses recherches historiques. Les quatre volumes qu'il a déjà publiés et qui renferment une description si fidèle, si vraie et si animée du palais de Versailles, du Palais-Royal, de Fontainebleau et du château d'Eu, font impatiemment attendre la suite de cette belle entreprise, qui, par le talent qu'y déploie M. Vatout, lui mériterait à juste titre l'honneur de voir s'ouvrir devant lui les portes de l'Académie.

Les services et les travaux de M. Vatout ne pouvaient rester sans récompense sous un gouvernement comme le nôtre. Le 18 mars 1832, il fut nommé premier bibliothécaire du roi, en conservant dans ses attributions les bibliothèques du Palais-Royal et des Tuileries. — Le 17 mai 1837, président du conseil des bâtiments civils et chargé de l'administration des monuments publics et historiques du royaume. — Le 21 mai de la même année, conseiller d'État en service extraordinaire. — Le 19 février 1839, directeur des monuments publics et historiques au ministère de l'intérieur. Membre de la Légion-d'Honneur en 1830, et fait officier de l'ordre en 1836, il vient d'en être nommé commandeur. Il est en outre décoré des ordres de Belgique et de Portugal.

BESCHERELLE aîné.

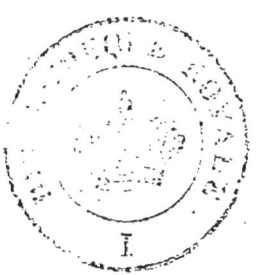

Paris. — Imprimerie de BOURGOGNE et MARTINET, rue Jacob, 30.

www.ingramcontent.com/pod-product-compliance
Lightning Source LLC
Chambersburg PA
CBHW060920050426
42453CB00010B/1830